Balada do crisântemo fincado no peito

Epopeia do amor

Marcio Dal Rio

Balada do crisântemo
fincado no peito

Epopeia do amor

Vencedor do Prêmio Maraã de Poesia 2016

Copyright © 2017 Marcio Dal Rio
Balada do crisântemo fincado no peito © Editora Reformatório

Editores
Marcelo Nocelli
Rennan Martens

Revisão
Marcelo Nocelli
Natália Souza

Imagem de capa
iStockphoto.com

Design e editoração eletrônica
Negrito Produção Editorial

Impressão
Lis Gráfica

Dados Internacionais de Catalogação na Publicação (CIP)
Bibliotecária Juliana Farias Motta (CRB 7-5880)

Dal Rio, Marcio
    Balada do crisântemo fincado no peito: epopeia do amor / Marcio Dal Rio. – São Paulo: Reformatório, 2017.
    152 p.; 14 x 21 cm.

    ISBN 978-85-66887-31-0

    1. Poesia brasileira. I. Título. II. Título: epopeia do amor
D1360   CDD B869.1

Índice para catálogo sistemático:
1. Poesia brasileira

Todos os direitos desta edição reservados à:

EDITORA REFORMATÓRIO
www.reformatorio.com.br

"*Lá estavam as rosas, perdidas nas ervas, escondidas na verdade. Alguém ali as plantara, pois, as rosas, como o trigo e o milho, nunca são silvestres – são meio parentes do cachorro, do machado de pedra, do livro, da música e do estado*".

Renato Pompeu, *Quatro olhos*.

Para Clarice Lispector

Para Vera Lúcia

Para a mulher de cabelos de fogo e olhar de noite que viu este livro nascer, Viviane

Para Osório Barbosa e o povo de Maraã

Balada do crisântemo fincado no peito

Epopeia do amor

I

Perguntei aos crisântemos se deveria continuar nessa vida estúpida.

Tristes, eles me disseram que gostariam de me ver num elevador panorâmico de uma multinacional a meter os dentes nas pernas carnudas de uma falsa executiva.

Olhei-os com severidade e suspirei.

2

Crisântemos almoçam carpaccio e se entopem de mousse de maracujá depois do arroto.

Gostam de colecionar revistas pornográficas e de se fartar com as banalidades da vida.

Programa de auditório, para os crisântemos, é remédio.

3

Crisântemos fazem roleta russa no cruzamento.

Divertem-se envenenando uns aos outros.

Crisântemos enchem a cara para fazer arruaça.

Quebram vitrines, jantam prostitutas.

Para depois limpar os dentes nas barras das saias das garotas da sociedade.

4

A quem me refiro como crisântemos?

Questiona-me por e-mail uma garota de Aracaju chamada Poliana.

Fico surpreso com a pergunta e, sabe, Poli, ainda não havia pensado nisso.

Talvez esteja me referindo a nada, calcando-me em figuras fictícias, o que é bem provável.

Beijos virtuais do seu tolo.

5

Deixo de falar de crisântemos. Mal chego em casa e arranco todos os meus.

Toco fogo em todo vaso e o que resta é um pouco mais de cinza.

Poeira indiferente, impregnada nos tempos.

Que se mete em nossos narizes e nos faz intolerantes até mesmo com um espirro.

Estamos congestionados, cara Poliana, nossos atos se perdem no meio da banalidade instaurada.

Como hinos de territórios sem fronteira, sem rosto, nem voz.

6

Uma mulher chamada Corbelha fincou um crisântemo no meu peito.

Envenenou-me, a vadia, partiu e ainda levou meu Neruda.

Sangrando, padeço na sala de jantar.

7

Espero por uma presa com garfo e a faca na mão. Espero sem pressa.

Posso beliscar uma polaquinha qualquer.

Mas se vier alguém cheirosa como Corbelha, faço questão de nem por o sal.

8

Embriaguei-me de água mineral e fui chorar a perda de Corbelha lá no lounge nova-iorquino.

Havia pessoas que consumiam pílulas.

Havia pessoas que se contorciam em falso.

Pedi champanhe e recebi aguardente de rosas.

Até que conheci uma aranha chamada Ariete.

Com suas vinte e seis pernas e seus seios agridoces,

Ariete me consumia feito refrigerante.

9

Morro na cama depois de uma noite com Ariete, que saiu pelas paredes do edifício, sem se deixar ver.

Quando recebo outra mensagem de Poliana.

Furiosa, ela me chama de trapaceiro.

Como ouso dizer que Corbelha me fincou o espinho do crisântemo, se crisântemos não têm espinhos?

Blefe. Para Poli, estou preso a mais uma de minhas conversas fiadas.

10

Por Skype, Poliana me envia a definição de crisântemo de um Aurélio já antigo mas que, segundo ela, prima pelas ilustrações de Poty.

Crisântemo (chrysanthemo) s.m. planta da família das compostas, com belas variedades ornamentais (gênero chrysantemun), sinôn: monsenhor.

Mas já era tarde. Mal havia lido a mensagem e Ariete devorava a folha, esfomeada.

Se não a segurasse, destruía todo o aparelho.

Peguei-a pela cintura e ela cravou os dentes na minha orelha.

Meu deus. Parece a tarada por narizes, aquela que quase papou o naso de Dom Rigoberto!

11

Assim como o lendário personagem de Vargas Llosa e sua Lucrécia, o meu amor por Corbelha era uma devoção.

Sem Corbelha nada tem significado, nada pesa, nada interessa.

Nem mesmo os amassos de Ariete, tampouco os documentos de Poliana.

Nada tem efeito. Olho a televisão.

Ela ainda mais se parece com o que realmente é: uma caixa estúpida de luzes.

12

Poliana, minha Poli, saiba que apesar de tudo ainda gosto de me confidenciar com você, mesmo sabendo que, para mim, ainda é virtual, sem rosto.

Imagem ou discurso que apenas se manifesta por uma estranha senha: @poliana

Firo-me com os cacos que encontrei no chão da sala.

O que importa é que depois de Corbelha me ajoelhei e passei boas horas contorcido no chão.

Sentimento estranho, ora doído, ora vazio.

13

Amadeu consome cocaína antes do futebol.

As chuteiras me doem os pés e o rosto dele parece uma latrina.

14

Depois da partida, feijão para todos, e eis que Amadeu desmaia. Anjo com a cara no prato de feijoada.

15

A hora do Brasil desponta no rádio e eu na sala de espera do hospital.

Que frio na espinha! Que obsessão pelas pernas enfermeiras!

Que cheiro ardido que me entra pelo nariz!

Que falta de Corbelha!

Um negro esfaqueado barbaramente sangra na minha frente.

Seu sangue escuro inunda o chão branco.

Derrapando no líquido viscoso, correm os profissionais do socorro.

Desesperados pela falta de gaze e outros absurdos.

Atenho-me à novela das seis que, por incrível que pareça, da tevê ali de cima, tem a imagem perfeita.

16

Amadeu teve overdose crônica, se é que isso de fato exista.

Do banco frio, tenho vontade de ligar para Corbelha e me desculpar.

Mas acabo ligando para Ariete.

Sua voz de veludo é tônica para minha sede.

17

Morreu ali mesmo, com a faca espetada no peito, feito boneco de vodu.

Procuro algumas pílulas que me façam ânimo e tudo que encontro é geleia vencida.

Encho a boca com a pasta doce.

Sorrio vermelho para a enfermeira, e ela mal me entende.

Tem a mangas arregaçadas e as mãos sujas de sangue.

Seus olhos mais parecem dois prisioneiros no muro de fuzilamento.

18

Ariete surge com uma dessas capas de chuva transparentes, como a da garota de Blade Runner que foi morta pelo terrível caçador.

Ela tem seus cabelos escorridos cheirando a Colorama.

Mal eu digo que a amo e a aranha soca sua língua na minha.

E nossas línguas são uma única criatura em movimento,

feito os bonecos assexuados de Keith Haring.

A saliva de Ariete tem gosto de óleo diesel.

Seu suor oleoso me aquece.

Roça seu corpo no meu aqui mesmo, bem no meio do pardieiro.

19

O fusca de Ariete tem três portas. Ela dirige com impaciência. E ameaça os outros motoristas com o chifre do para-choque.

Oferece-me vodca num tubinho de desodorante. Tomo e vejo o mundo pelos seus dezenove olhos de vidro: a calçada florida, a velha alada, a vaca sagrada, o jovem antílope, o xilindró do aborígine. E raras e espessas nuvens de bruma.

20

Transamos sobre uma tábua estendida.

Sexo aeróbico, dizia eu.

Ela falava do tantra e outras coisas tantas.

Seu apartamento tinha quase nada.

Pedras, brilhos, fumaça, vidros, chamas.

Transamos enlouquecidamente.

Meu sexo desaparecia no seu em sequência de videoclipe.

21

Éramos feijão com arroz e farofa.

Baião de dois corpos em troca.

Ariete e seu corpo magro, seus olhos groselha,

Sua chave de perna, seu bafo, sua voz nasalada.

22

Você deveria consultar os astros, ela me disse, com a voz arrastada.

Bebia Campari com Ki Suco e eu devorava com os olhos uma edição de Hustler.

Ariete me interessava pela mecânica do amor. Mais nada.

Tê-la era como frequentar dias de academia de ginástica.

Com a vantagem do gozo, do consolo, dos seios pontudos.

Eu mordia as azeitonas verdes do pote de margarina.

E, depois de fechada a revista, analisava sua bunda magra.

Era um mosaico de prazer.

E ela caminhava e falava, falava e caminhava.

23

Em seu jardim, ô meu deus, os crisântemos outra vez.

Agora me olhavam com fúria, me condenavam.

Era como se fumassem as bitucas que estavam a seus pés e me analisassem como torturadores.

Pensavam no quê fariam comigo, depois de marcar meu corpo com fogo, depois de eletrizarem meu rabo com uma extensão maldita.

24

Passei body lotion na testa para pensar melhor.

Um crisântemo me ameaçava com uma história tristemente linda, sobre uma moça que morreu nos braços do amado.

O outro tentava me dissuadir com causos estranhos, como o do homem que trabalhou como porteiro numa boate de strip-tease e um dia se tornou rei.

Cada vez mais perigosos, pensei eu, pote na mão, hobby no corpo, cueca azul e peito pálido à mostra.

Ariete se banhava e gemia uma música estridente. Áspera, insuportável.

25

Mal ela saiu da espuma e os crisântemos voltaram a ser as peças mudas e idiotas que sempre foram.

Ariete requebrava. Nua, foi à cozinha e voltou trazendo um pote âmbar. Olhava-me ameaçadoramente.

Ligou o rádio e tocou Só Pra Contrariar.

Enfiou o dedo no recipiente e tirou um pó escuro e o passou na perereca.

Me cheira, me cheira, dizia.

26

Cafunga minha xana imunda de canela. E ela vinha com suas muitas pernas, me envolvia.

Não tinha como escapar, e nesse momento, esfregava-se em meu rosto e urrava, como uma demente.

Ariete, Ariete, sufocas-me, mulher, tentei dizer, mas não adiantou.

Um líquido gozoso me tomou de susto, era tudo amarelo, tudo escuro como o céu.

Cheiro de isotônico, de purê, de curau.

Afogava-me, pois, na cucaracha da aranha.

27

Enjoado e ludibriado, tomei o trem ali da esquina mesmo.

Driblei a mulher máquina dizendo que ia comprar Hollywood.

Jogado na brisa, caminho como um tamanduá-bandeira, rumo à porcaria.

28

Cheiraram deliciosos os anéis de lula à dorê que jaziam há semanas no meu fogão.

Teias nos livros, água minando, rachaduras, bolor, fraturas, contas.

Ah, Corbelha, ah, calor.

29

Passo horas mergulhado na banheira.

É, Poli, tem hora que só a hidromassagem é minha amiga.

Coloco pano quente na cara para me livrar do choque.

Meu corpo parece uma havaiana abandonada. Suja, carcomida, esfolada.

Meus olhos tremem conforme avançam os ponteiros do nada.

Sabe, Poli, a vida às vezes não passa de um filme B.

Daqueles bem vagabundos, com sangue de molho.

30

Amadeu virou presunto com a boca negra como a de um polvo.

Quase ninguém foi ao seu velório: duas velhas, uma negra, um corvo.

Apareço em hora imprópria, carregando um copo de cidra.

Era a única coisa que o maldito Waldemar, do boteco da esquina, tinha pra me vender.

Apenas uma velha chora, a outra come paçoca, a negra faz uma prece, e o corvo fuma orégano, com os olhos virados para o além da rua.

31

Cagada. Aos vinte e um anos Amadeu jogou a toalha.

Fiquei tão aturdido que pedi algo alucinógeno pro Waldemar.

Canalha. Deu-me um vidro de Vick Vaporube.

Antes de comer o último ovo cor-de-rosa que estava em sua vitrine, cafunguei a pasta ardida.

Meus olhos sangravam.

32

Na tevê, a telejornalista simulava um strip-tease.

Um cachorro louco me pediu fogo.

Waldemar lambia as feridas da piranha.

Diacho. Só me resta um café preto.

Ou dançar um tango argentino.

33

Sócrates era o traficante que mandava as crioulinhas sambar na sala em dia de jogo do Brasil.

Atirava nos pés das crianças e depois pedia laranjada de cada uma delas.

Você sabe, mão na nuca, e espreme a laranja para sair o líquido viscoso.

O mundo é química, disse Sócrates, numas de suas únicas palavras lúcidas.

Gostava de arrombar condomínios de luxo. Nada de luz vermelha. Enrabava o dono e tocava fogo na patroa. Antes, é lógico, de devorar cada ursinho de pelúcia da adolescente mais velha.

34

Um dia, jogou groselha no corpo de uma de suas reféns.

Atirou o fósforo e reclamou do fogo que não pegou.

Porra, qualé o problema, loirinha?

Escancarou seus dentes de arame farpado, mostrou a língua oliva de pílula e esfregou seu membro em cada espinha púbere da vítima.

Depois, quis afogar a menina numa lata de Suvinil cheia de querosene.

Tarantinesco, o Sócrates.

Para se aliviar das maldades, depois costumava baforar uma droga chamada brazuca, enquanto pilotava o Maverick.

A outra mão no meio das pernas de Nola.

35

Treze anos bem vividos, dizia sobre Nola, uma filha de colo.

Casa, comida, roupa manchada.

Compra outra, mulher, e não me enche.

Jogo do Brasil e Nola no tanque, sangrando as mãos, enquanto Sócrates animava as sobrinhas.

36

Foi com um vidro de veneno que o verdadeiro Sócrates se matou?

Para esse, bastava Coca-Cola.

Não punha um doce na boca.

Apenas os lábios de Nola.

Os lábios debaixo de Nola.

37

Barraco em teto de zinco chumbado.

Piscina recém-construída, quadra de futebol particular, além daquela que construiu para a comunidade.

No fundo, tinha bom coração, o Sócrates

Vangloriava-se do cinema.

Eu que trouxe o Mazzaropi, sorria.

Que coisa antiga, tio, o negócio é Jim Parsons, soltou uma sobrinha.

Vai-te catar senão leva bala, putinha.

Nada como reuniões de família e os frequentes sermões antes de toda refeição.

Rezem por mim, negrada.

Não fosse eu morria tudo de fome.

38

O deputado lambe a mão cheia de cicatrizes de Sócrates.

Correndo, Zizinha, outra sobrinha, traz um email recém-chegado.

Encomendas do senador, sorri.

O criminoso coçando a barba semicerrada.

Toma vermute com soda limonada e rodelas de laranja.

Coça o pulso, balança o relógio de ouro, veste Armani.

Dia de operação especial.

Vô pra Combica, minha nêga.

Mão na bunda de Nola.

39

Francisco, o filhote, nana no berço enrolado feito caramujo.

O pai sai quase de madrugada. Vai trabalhar noite toda.

Correndo, Nola traz bolo no papel laminado.

E uma garrafa térmica cheia de café.

Vô levá, mas também quero vermute.

Saia florida balançando, que volta corrida com outra garrafa na mão, bicota seguida de um sôfrego beijo, poeira levantada pelo Maverick.

Vigília num dos saguões do aeroporto.

Troca de cumprimentos, mala em punho.

Grito, coração alerta, namorado que esbofeteia mulher, saída em alívio, tiros, gato que foge, salta, agora é leopardo, luz, buzina, freada, corpo debaixo dum fusca.

40

Um fusca de três portas.

Ariete, horrorizada e aos berros, tenta fazer algo do homem elegante que estrebucha sob seu veículo.

Córrego de sangue de sua boca, nem palavra, nem sorriso, afinal isso aqui não é novela.

E estou de novo com Ariete, deprimida, na minha frente.

Já tomou rios de barbitúricos.

Chora compulsivamente, ajoelhada na sala, enquanto dou comida para os peixes.

41

Torcida do Brasil feito enxurrada no morro do Boréu.

Tiros, fogos, coitos, o escarcéu.

Nola já é de outro, mulher do Jacaré.

Outro bandido sangue bom, que bancou o transplante de medula do padre Roberto.

Suor de Nola que escorre pelas costas.

Cavalga no colo do negro e goza.

Terra que é atirada sobre o caixão.

Discurso em homenagem ao bandido morto para os gatos-pingados, do poeta bêbado.

42

O fogo que consome as florestas da Flórida continua se espalhando.

Sob a luz da mulher mecânica, acompanho Ariete para tomar sorvete.

Ela se diverte com uma bola de milho, enquanto tomo bourbon.

Como andará Poliana?

E os gatos do vizinho?

E a imundície?

Tenho saudades do cotidiano.

43

Ariete sabe que jamais a verei novamente.

Beija-me com doçura e parte dirigindo o fusca com os pés.

Porta que emperra e o retrato de Corbelha.

Por que tudo tende a virar canção de Roberto Carlos?

44

O mundo está malfeito, disse Gabo.

Desde que morreu Greta Garbo, retrucou o poeta bêbado, vomitando pipoca sobre o túmulo de Amadeu.

O poeta tinha o terno amassado, a gravata preta, a meio pau.

Cabelos eriçados, unhas sujas, podres, sorriso desdentado.

A camisa balançava pra fora da calça.

E um rasgo revelava seu umbigo branco.

O umbigo do poeta, o umbigo do mundo.

Malfeito, maltratado.

45

Horas a esmo, horas a fio. Nu no canavial.

Menina muda que roça o corpo na areia e diz coisas absurdas.

Passa lama no rosto, esfrega o sexo, lambe os dedos, endemoniada, deliciosa.

Sua colega traça a nissei sobre a caçamba. Gargalha.

Toma Danoninho e cospe na minha cara.

Como eu daria tudo para estar com Corbelha.

Até mesmo uma manchete na capa do matutino.

A vulva da menina muda, isso sim, um furo jornalístico.

46

E pela primeira vez, em anos, tive vontade de chorar.

Eu poderia voltar para Corbelha um dia.

Mas me estrago numa vida artificial.

Escondo-me em paredes de cenário.

Moldo meu mundo para ninguém entrar.

O mais é luz. Luz e solidão.

Vela de plástico e vitrola quebrada.

Penumbra e camisa sem botão.

Bocejos e cabelos sem corte.

47

O shopping center é como um teatro de marionetes.

Bonecos manipulados movimentam-se com dificuldade.

Encenação do real, teatro da vida.

48

Meu mundo não é malfeito como o de Gabo.

Meu mundo é mentira, pancake, mocape.

Mocapo-me num quarto de ilusões.

Paredes de pano e detalhes em papel machê.

Mocape como aquelas pizzas de comercial de tevê.

Sorvetes de espuma, corpos de dublê, cidades de maquete.

A vida é um show de calouros, com a plateia aplaudindo, conforme o pedido do contrarregra.

Gravando: nosso sonho é ser personagem de romance, nas páginas da Sabrina, um astro pop, um milionário, um dono de império, um coringa.

49

Tudo é cerimônia do Oscar. É o que crisântemos não entendem e teimam em levar a verdade como bandeira. Dane-se a verdade, a verossimilhança.

Quero o produzido, o absurdo, o simulado, o calculado, o simulacro.

A verdade é Flórida, que queima em matas íntimas.

Queima por dentro, dá azia, é indigesta, prefiro hipocrisia.

50

Quero me moldar como o homem de ferro, o homem lobo, o vampiro, o engolidor de fogo, o cuspidor de espadas.

Quero ter na mão o sentido da vida.

Quero manipular o tempo.

Quero ser o jogador.

Quero inventar meus amores.

Meus atos sob os cobertores, meu envelhecimento.

51

Só assim poderei atravessar o tempo.

E, como nunca morrerei, não darei importância aos fatos, às verdades, aos dizeres de crisântemos.

Entediados, eles também se alimentam de filosofia.

E passam a vida querendo saber os porquês disso, daquilo.

Têm discurso empolado, cadernos de poesia, horas de exercícios de musculação da vaidade e abdominais da razão.

Sem falar das pílulas contra a impotência do ego.

52

Cheiro azedo que vem da cozinha.

Costumo dizer que é meu espírito que o dissemina.

53

Poliana volta a falar e a protestar.

Que absurdos esses seus devaneios, diz ela.

Essa espuma densa que jorra da minha boca e se esparrama.

Livre-nos desse veneno, pede Poli, em tom nada ameno.

54

Deixe-me, Poliana, afogar-me nessa ridícula espuma de vodca.

Contaminar-me do meu próprio veneno, machucar-me a mim mesmo, como esses religiosos ortodoxos.

Deixo-me. Perdido e isolado em meu íntimo indomado.

55

Foto de Poliana que mal sai pela impressora.

Pigmentos. Borrões de cor e estranhos círculos negros.

Esferas escuras que formam a imagem de uma menina.

56

A rua é depósito de mijo, cheiro que sobe forte e nos consola.

Estou magro.

Há semanas mal me alimento de macarrão instantâneo e massa de tomate Elefante.

57

Escolho o pimentão mais turvo e a feirante me devora com os olhos.

Verdes, indecisos, como que feridos e sangrentos.

Tem os seios duros sob o vestido barato e manchado.

Chama-se Fátima e seus cabelos enrolados lhe tomam os ombros.

Rosto marcado. Mãos sofridas.

A feirante de cabelos nas pernas e corpo bem desenhado.

Um sinal e nos encontramos.

58

Atrás da padaria nos esfregamos.

Ela cafunga no meu pescoço e logo levanta o vestido.

Uma velha passa devagar, carregando um carrinho enorme de repolhos.

Fátima abre as pernas e me engole. Tem pressa.

O marido recolhe os tomates. Podres. Pisados.

O cheiro de mofo, o gozo escorrido, o sábado.

59

"Voltei de Paris trazendo a primavera na bagagem".

Volto a mim com o Carandiru no peito e com Corbelha na memória.

Volto de um devaneio custoso, tonturas intermináveis, cansaço de mim.

"Estou cansada, estou cansada de mim mesma", diz Clarice ao repórter oculto.

Tem a pele marcada, o vestido florido e as sandálias desgastadas.

Veste um esquisito lenço no coco. As mãos, nervosas, se procuram.

Paris do desespero, da procura de uma luz no íntimo. Paris, etiquetas, bocejo da romancista.

60

"Ângela é uma gema", gemem seus dedos sobre o branco.

A vizinha molha as pedras frias do quintal.

As pedras frias da solidão que molha meu sossego.

Mancha de tomate surge no canto do livro, único sinal de Fátima, que, sob seu vestido surrado, passou por mim como alívio.

Assim como Ângela um dia foi para Clarice.

Tormenta que arrasa mares e varre chãos.

61

Volto a ser um homem apaixonado, querida Poliana. (Se um dia deixei de ser).

Sequer sei se o que me tirou do sério foi um sorriso.

Ou se foi um caco de vidro que me cortou o ritmo.

A cadência da vida alterada da noite para o dia.

Os suores, os tremores, a secura da goela, os momentos em desvario.

Retratos que incomodam a memória.

Lembranças.

62

Não bastaram as aventuras tântricas com Ariete, tão pouco a desventura com Fátima, em meio aos tomates. Nem as horas nuas, os bacanais, o vazamento de gás.

Só Corbelha me sufoca, haja o que houver.

63

Um sopro de vida. É o que me concede Clarice.

E logo volto a remoer meus cacos, arames farpados coquetéis molotov, bananas de dinamite e êxtase.

Ritmo que me toma como um sussurro eletrônico, um distúrbio de baixo e bateria que me sacoleja.

Os jornais estão jogados, a casa imunda, mas o que me importa é andar de um pra outro lado, desassossegado.

64

E por um momento não sei mais quem foi Amadeu, o porco que se empanturrou de alucinações.

Jamais ouvi falar de uma mulher de não sei quantas pernas, cujo fusca tem não sei quantas portas. Ela nunca me disse nada sobre Sócrates.

E ele, ao que me parece, ainda adormece em minha estante ao lado de Clarice.

65

Quem era mesmo a garota virtual de Aracaju?

Garota da imagem borrada que vive de telemensagens.

Bato seus emails no liquidificador.

Faço um bolo de passados e mando na cara do síndico.

66

Jogo a tevê dentro do aquário e rasgo a sua tampa com o abridor de latas e encho de cerveja e jogo os peixes.

Peixes na cerveja, peixes na brasa, peixes no quintal.

Enterro os peixes bem do lado do resto de crisântemos.

Crisântemos enterrados gemem como barriga esfomeada de desespero.

O mendigo come lixo, eu como recordações e o tempo nos come.

67

O rapaz que se veste de Mickey para ganhar uns cobres.

Recebe as crianças de dentro da fantasia insuportavelmente quente.

(O mundo é mocape)

Meia-noite, o rapaz se despede. Ele pinta os cabelos de abóbora, espeta tachas, pregos e brincos no corpo e vai dançar até de manhã cedo lá no club.

Toma um coquetel de qualquer coisa, bebe água da torneira, faz sexo bizarro, urina na cara da enfermeira.

Sua pele é verde, seus olhos vermelhos, sua história verdadeira. Até o momento em que vira Mickey novamente.

68

(pulsações) Ele se diz rico e bem informado.

(pulsações) Janta na casa da namorada.

(pulsações) Assiste à partida com o sogro.

(pulsações) Com a sogra vê o seriado.

(pulsações) O namoro religioso no sofá da casa.

(pulsações) A despedida com dois toques na buzina.

(pulsações) O corpo vendido na madrugada.

69

O entregador de pizza e seu romance com a menina rica.

Ele carrega pizza na bicicleta e ela um revólver na bolsinha.

Amam-se secretamente, com muito azeite, muito orégano.

70

O advogado que fala difícil, que lê coisas difíceis, que escreve difícil e quer uma vida fácil.

O advogado que se entrega com facilidade, promessa de luxo é o que basta para o advogado virar dançarina, virar meretriz, virar Carmem Miranda, virar ervilha.

71

Para o poeta, o difícil é sobreviver em meio aos selvagens painéis eletrônicos, às circulares carnívoras, aos arranha-céus assassinos, às avenidas movediças, aos viadutos venenosos, ao lixo esfomeado, ao frenesi estúpido.

72

Sinfonia do adeus: seis da tarde, automotores,
olhares que se cobram, cobrador que é cobrado, beijo
corporativo na mesa de bar. Camas faraônicas que
não fecham, o bate ponto, a buzina, o bate-estaca,
a trombada, tailleurs, seduções, assédios, linotipos,
telefonias, tiroteios, alheias.

73

E eu, homem apaixonado, no meio deste carnaval, assisto ao vaivém estupefato.

Bala na boca ou rabo de galo? Rabo de saia, gafieira, xique-xique, xoxota, xerém.

Bauru com duas rodelas de tomate, sem ovo, por favor.

Dois pingados, pão na graxa, rabo de peixe, atrapalhado, assombração, meia salsicha ou inteira, guaraná light ou normal.

Sexo free com hora marcada, beijo na boca ou na nuca, troca de óleo ou espanhola, de quatro, de pé ou de lado.

74

Crisântemos jamais tiveram paixões, apenas ações na bolsa e investimentos futuros.

Têm o coração oco feito de cobre e vento.

O sangue de barro, as simulações de sentimentos, sob o índice Dow Jones.

Controle remoto que comanda o destino, o comando de autodestruição, os mísseis, o tanque de combustível.

Crisântemos a gás, a petróleo, a dólares, a álcool, desde que bem batidos com gelo e limão.

Crisântemos mecânicos, digitalizados, colorizados, programados para matar, para humilhar seres humanos, esses parcos seres humanos.

75

Brigas nos supermercados pelas últimas paixões nas prateleiras, autorizadas pelo governo, carimbadas e autenticadas.

Houve quem disputasse a tapas os últimos exemplares do estoque.

Uma mulher foi hospitalizada, uma criança se perdeu, um poeta morreu.

76

Por que teimam em me ferir, os crisântemos?

E invadem minha casa pelas micro-ondas, pelo cheiro do vaso, pela fresta da porta.

De cara feia, me dizem que Corbelha não volta mais.

77

Lembro-me apenas que ela me disse, uma noite, que não suportava mais meu jeito de lidar com o mundo, meu jeito de lidar com ela.

Afirmou que apenas tenho condições de criar minhas fantasias sem jamais inventar uma fantasia para nós dois.

Reclamou que não aguentava mais meu esquecimento de datas, meus buquês de flores com desculpas, meus convites para o café, meu silêncio na cama, meu ceticismo com o dia.

Minhas madrugadas acesas, meus bilhetes na geladeira, meus leites com Nescau.

Meus pijamas, meus agrados, meus beijos acalorados, meus vícios, meus bons-bocados.

78

Soube que Ariete está grávida de um extraterrestre.

Que vai ter o filho numa estação orbital. Ela, o médico, os enfermeiros, o filho, todos flutuando no vácuo.

A placenta espirrada como em filme de horror, o bebê de olhos de bagre, enlameado, berrando um berro agudo, pelos ares, a notícia, o batizado, o aniversário, pelos ares.

79

Ariete está feliz, casada com um homem que se parece com um réptil, mas que veste Dolce&Gabbana, que tem um escritório em Miami, que tem carros, jatos e mansões.

Marte também tem seus excêntricos.

80

O que Poliana acharia dessa história?

Faria bico, diria que tudo é um absurdo e perguntaria sem hesitação: por que um extraterrestre e não um príncipe?

81

Mal sabe que príncipes estão em extinção há décadas.

Existe um deles no zoo aqui perto.

Hora em hora camarões e lagosta no prato, mordomos, mucamas, professoras de sexo, de matemática, de tato.

O príncipe está nu, berrou a garota.

Fica quieto senão ele acorda, bradou a chefe da excursão.

82

Arrumei emprego como mercenário.

Fui orientado a picar criancinhas com os talheres certos, a cozinhar estrangeiros na temperatura ideal, a assediar executivas com ferramentas importadas.

Mas o que gosto é de fazer cara de mercenário e olhar irado.

Os dentes pra fora, a conversa rápida, sem babados.

83

Uma semana e realizei cursos intensivos de chacinas, de como castrar melhor o homem corporativo e de como bem temperar sua esposa.

Não pagamos impostos, enchemos os bolsos com merchandising.

Uma vida boa, a de mercenário.

84

Carta de demissão. Pego em flagrante declamando poesia no corredor.

Como um mercenário pode saber versos e redondilhas?

Fui degolado.

85

Sou o maior ator de mim mesmo.

Pouco me interessa o que diz a astronomia, só quero saber o que acontece depois do show.

Perco meu tempo com rimas baratas, sessões contínuas de cinema, depois um copo de vermute, lamentações pelo desemprego, choro, Corbelha, o fim do sossego.

86

De que valem dívidas, seguros, apólices, se quem tem a palavra final é o cosmos, essa imensidão sem rosto, poeira do nada, o derradeiro?

87

Que tenho a ver com a dança do cosmos se me dançam as paixões?

Se o que me move é telúrico?

Está bem, paixões, ar-rarefeito, nuvens, gasogênio, que me tomam órbita.

Mas implicadas em razões chãs, como o terreno, o barro, o rastro, o risco que me norteia, o próximo, o palpável?

Às vezes sólido, como uma rocha, às vezes movediço como uma tossida de areia.

88

O cosmo incha, incha, daquilo que um dia foi único.

Eu me perco, perco, daquilo que um dia foi sujeito.

A paixão por uma terráquea me coloca em debate com as coisas terrenas.

Meu deus, uma assembleia de deputados, meus deus, passagens de ônibus, meus deus, cheques assinados, meu deus, cortaram a luz.

Meu deus, o que queres tu, afinal?

89

A expansão do mundo e de outros mundos, de nós e de outros nós.

Haverá cabos de tevê noutra dimensão?

Jogo de pôquer?

Flerte? Ensaio?

Paixão de um carrasco por uma Corbelha que se aventura como uma alienígena de ene pernas?

90

Afoito, ameaçado com faca, pisoteado, carcomido de paixão, implicante com as coisas cotidianas, eu sigo.

Mesmo indeciso, mesmo infinito.

91

Observo o mar negro do céu noturno.

Que navio é esse?

Que trespassa o mar de mistérios, de humilhações?

De que valem questões se o breu nos desafia e do breu não conseguiremos equacionar nossa angústia?

92

Há ossos no céu?

Ou seria um retrato futuro do quanto desintegraremos, feito farinha látea.

Seremos batidos no liquidificador celestial.

Seremos digeridos pela grande fome do universo.

Sua bocarra a nós é dirigida.

Seremos engolidos como saliva, sorvidos como espuma.

93

Atingem-me as estrelas que caem do escuro.

Ferem-me, apunhalam-me.

Olhos de Corbelha do último dia de encontro.

As bolas verdes estão tragadas pelo vermelho irado.

Lágrimas de chuva, torrentes de despedida.

Fazes as malas? Leva tudo contigo?

As calcinhas brancas, os jeans lavados na pedra,
as camisetas justas, os cremes, os vícios, os anéis, o
perfume.

94

Preferiu partir sem despedida. Jamais um bilhete, um sinal.

Talvez more no Japão. Talvez no hotel da esquina.

Talvez rindo ao observar-me da janela.

95

Roupa rasgada, a luta. Nunca pensei em lutar com quem amo.

Mas naquele dia exageramos.

Soltamos nossos cães.

Feri-me com os cacos.

Ela me feriu com as verdades que teimava dizer como mentiras.

96

É tão difícil, canta Maria Bethânia mais Roberto Carlos.

É piegas, grita o crítico de jornal.

É dramalhão mexicano, envia por whats app, Poliana.

É falta de surra, grunhe o crisântemo bandido.

É o fim do mundo, minha vitrola mais uma vez.

97

Mordidas, dentes cravados nos ombros, cuspidas, escarros que escorrem no rosto, xingamentos, objetos quebrados. É duro admitir, mas tudo não passou de uma sessão de matinê.

Hora dos créditos, o pipoqueiro reclama.

98

Não suporto mais essa vida sem mar.

O evento sou eu, grita a mensagem da tela.

Datas marcadas, vidas vasculhadas, plateia global.

Menina que cuida do jardim diariamente.

Vê como cresceram os crisântemos, como são inofensivos enquanto crianças.

99

Mais do que preciso da contemplação do manto, irrequieto, salgado.

Mais do que uma mensagem, um sinal de vida lançado na onda virtual.

Curiosos e hipócritas, cultuamos.

100

Todas esperanças estão no mar, esse polaroide vivo na imensidão negra.

Seu mundo ainda é incompreensível para todos nós.

E há milhares de anos sentamos em frente ao seu leito.

E nos desligamos como a máquina e o seu fio.

A linha do horizonte, o fio da meada.

O real e o simulacro, gritos, sussurros, copo vazio sobre a mesa de Copacabana.

A praia tem seus exterminadores, seus matadores em série, seus amantes, seus defensores, suas gangues.

O garoto berra e vende chá mate.

101

Está bem, Poliana, dramatizei minha briga com Corbelha.

O crítico diz que apenas faço entretenimento.

O poeta protesta lá de cima do coreto.

Logo levará uma surra e será tido como principal suspeito.

Pálida, a lua observa.

102

Bem poderia minha vida ser como o cinema movimento americano.

Explosões, mulheres lindas, situações apoteóticas, malabarismos do herói.

103

Um homem sem cão, sem feira de domingo, sem classificados, sem loteria esportiva.

Um homem sem controle remoto, sem convites de casamento, sem aposentadoria.

Um homem sem ficha na polícia, sem carteira na saúde, sem carimbos, sem passaporte.

Um homem sem passagem pelo exército, sem gosto pelo êxito, sem aliança, sem certidão.

Um homem sem sombra, sem barulho, sem relógio de parede.

104

O vazio do peito, do íntimo estúpido, da discussão sem sentido.

O interior das vozes mudas, da hesitação, do frêmito, da indecisão.

O interior do balanço da cadeira, das horas sobre a cama, dos olhos no teto.

O interior da casa vazia, apenas ecos de uma construção distante.

O interior das panelas limpas, dos jornais arrumados, do bom comportamento dos livros enfileirados, da escuridão da tevê.

105

Crisântemos não são candidatos a cult, tampouco figuram nas listas dos mais vendidos.

Não é possível encontrá-los em embalagens de chicletes, nem mesmo em manifestos estudantis.

Não são vontade de um homem amargurado, nem papo-furado de fim de noite.

Crisântemos não serão filmados, nem declamados com euforia.

106

Podem ter sido bárbaros sanguinolentos, transgressores entediados, ou o começo de uma história, um buquê, uma ferida, um descontentamento, um caso mal resolvido.

Podem ter aberto trilhas com o facão, descoberto mundos, vagueado como viajantes aventureiros por mares bravios, com equipamentos precários e bússolas emperradas.

Lunáticos com declarações imprecisas, trêmulos observadores, irrequietos manipuladores.

107

Levantadores de suspeita, questionadores, homens a serviço da razão.

Ludibriados pelo conhecimento, intolerantes para com o que não está escrito, materialistas confessos, amantes da evolução.

As máquinas, como são belas as máquinas, cada movimento preconcebido uma garantia.

108

Crisântemos podem ter sido inventores de fábulas, lendas e folclores, culturas, simpatias, oferendas, religiões, doutrinas e castigos.

A vontade pela educação, a vontade pela pedra, o fascínio do aprendizado, o figurado, o decorativo, os sonhos, os desvarios.

A realidade inventada, simulada, deliciosamente falsa, perversamente tirada do verdadeiro.

109

Crisântemos são o fim da história?

O fim da ciência?

Do cinema?

Crisântemos são o fim da filosofia?

Da novela das nove?

Crisântemos são o fim da civilização?

Do bom-senso?

Da moral e do costume?

Crisântemos são o fim da internet?

Do ketchup?

Do absorvente?

Eles são o fim do amor?

Do bebê de proveta?

Da pílula?

110

Sim, é o fim, berra o messias que panfleta no McDonald's.

É o fim, grita a menina com a boca cheia de beterraba.

É o fim, sussurra a mulher que mais uma vez apanhou do marido.

III

Crisântemos são equívocos, aberrações, o estouro de um amor dilacerado, cacos que se espalham pelo chão, perigosos cacos sem pontas.

112

Vozes, barulhos, longínquos vizinhos.

Tiquetaqueia meu peito, um espanto, gatos que se enroscam numa esquina inexistente.

O barulho dos prédios, o barulho das roupas no chão, o barulho dos livros, o barulho das xícaras no armário, o barulho do psiu.

Repórter sem voz, classificado sem preço, peixe sem movimento, água que molha.

113

Mataram uma mulher no nono andar, jogaram-na da banheira e a afogaram na janela.

Cor cinzenta do rosto do síndico, seus lábios estão verdes, pode ser de bolor, pode ser de chocolate, pode ser da boca da sua mulher.

Policiais que rastreiam como cachorros.

Homens sem espírito.

O mendigo que é detido e se debate no meio da rua.

Grito estridente. Abaixa a televisão, menino, que tem autoridade no prédio.

114

Um peixe morreu na frigideira e uma senhora enorme o engoliu sem abrir os olhos. Há restos de comida em seus cabelos.

E há um rabisco vermelho no canto de seu seio.

O presunto sai empacotado, pronto para a fábrica de salsichas.

Uma garota não tira os olhos do morto.

Olha, mãe, o defunto. Olha, mãe, é frio. Olha, mãe, é azul.

Mãe, será que ele teve filhos?

Cala a boca, menina.

Será que ele comprou automóvel?

Não vê que tem gente olhando?

Será que ele comeu hambúrguer ontem?

115

O bandido foi morto pela namorada da mulher morta. A mulher, coitada, dizem que ficou irreconhecível. Dizem que virou salame.

As pessoas mal conseguiam ver seu corpo. Dizem que cabia numa lata de feijoada. Ela logo foi recolhida, como goiabada vencida. Dizem que precisaram duma pá para colher o corpo.

Nada igual àquela novela. Das seis? Das nove? Dizem que era mal amada. Que devia até os dentes. E que não pagava o condomínio.

116

Se me lembro, Corbelha. Nosso último dia foi um beijo. Uma agarração na varanda.

Lances de amor debaixo do varal. Em meio às cuecas molhadas, às meias que escorriam água colorida e às gélidas calças jeans.

No amamos de pé, como indigentes, nos comemos em desespero, procurando um ao outro, cegos, dementes.

Estavas presa à saia arregaçada que colavas às suas coxas tolas. E eu como equilibrista, de shorts nos pés, meu deus como éramos felizes.

117

Eu enfiava a cara em seus peitos, ela conduzia meu membro com as mãos sujas de Omo, suas nádegas marcadas pelas costelas do tanque, a máquina de lavar roupas, frenética, o movimento de enxágue, o gozo, água sanitária, gemidos, lábios que se encontram na sombra.

118

Em nossas testas lambiam roupas molhadas, fios d'água gelados que escorriam em nossos rostos e se encontravam com o suor quente de nossos movimentos e lambiam por nossos corpos em brasa contrastado pelo frescor de nossas úmidas intimidades.

119

Era Copacabana, ela tomava mais um copo de Fanta, windsurfistas na areia da praia. Os corpos masculinos se esfregando presos a mínimos macacões de laicra.

Ela ficava ainda mais bela ao andar com os pés nus sobre os dejetos. Ria como menina, o vento escorregava macio em seu vestido, rabiscava com a ponta do dedo imagens incompreensíveis na areia, mosaico de nossa vida.

120

Por horas contemplamos o manto, agarrados como dois anjos, sua respiração aquecia meu pescoço, a umidade de seu sexo esquentava-me a coxa.

Ofegava, os olhos vidrados no vaivém, não ligava para as conchas, tampouco para os mergulhos, queria apenas assistir ao movimento, a pulsação daquela água viva que, como ela, era livre.

121

Salga a boca depois que a adoça com refrigerante. Comigo ela ia no raso, sentávamos lado a lado, tendo como cúmplice a linha.

Cada leva arrepiava, ela levantava os braços e eu a acudia.

Boca que molha a minha, que come milho cozido e que sorve o gozo das coisas bonitas, que desaparece a cada mergulho até não surgir mais.

122

Um dia esmaeceu em meus braços, estávamos no quarto brincando de banco imobiliário.

Seu corpo caiu sobre o meu, até que a levantei, segurando-a por suas costas, os lábios níveos que um dia tiveram gosto de café.

No banco do carro dizia coisas incompletas, balbucios, enfim.

123

Fitou-me da cama com desconfiança, os pequeninos tubos transparentes ligados aos seus braços. Sorriu de levinho.

Deixei um vaso de madressilvas sobre o criado-mudo, só para eu dizer que também estava derrubado, nada de crisântemos, nem aqui, nem por perto.

Deixei gibis empilhados ao lado do vaso.

Quando melhorasse, teria o que ler, o que se divertir.

Deixei uma garrafa de Fanta na geladeira.

Quando o médico liberar, tomaremos juntos, eu com o livro de histórias.

124

O avô dela era mineiro, as correspondências vieram pelo correio, pacote de cartas grosseiras acusam-me, mais uma vez, de escrever novela das seis.

Se o vento que carrega o vestido não é clichê, se o desenho feito na areia outro chavão, receoso, leio tudo na beira do leito. Corbelha dorme docemente.

125

Como é bom vê-la dormir, a respiração cambaleante, braços recolhidos como se fosse pedir algo, barulho da sua respiração cadenciado como escola de samba.

126

Recolho o suor da testa de Corbelha, ela tem pesadelos e continua a dizer palavras ininteligíveis.

Tudo o que o médico me diz é obscuro. Seus olhos brilham sob as lentes traídas pelas luzes.

127

Cigana que não leu meu destino. Ofereci-lhe a mão, mas negou-se a dizer coisa alguma.

Haverá coisas tão horríveis na palma da minha mão?

Ou suas linhas são códigos indecifráveis. Enigmas.

128

Quando me lembro da cigana já estou a caminho da estrada. Corbelha ainda dorme.

Vaga-lumes estouram no vidro. Último instante de brilho.

129

Enquanto isso, a tevê filma o assassino. O dia a dia do assassino. Histórias, namoradas, pais, confissões, a intimidade do assassino.

130

O que tem as mãos do assassino?

São diferentes das mãos do poeta?

Cada corpo desnudo uma folha em branco.

131

Corbelha ainda tem os botões nos braços. Conversa mansinho. Briga com os olhos. Até que se derrama novamente, feito sorvete na lapela.

132

Talvez Corbelha fosse jovem demais para mim. É o que pensa o homem comum diante da dúvida.

Minha velhice já me arranhava naquela viagem.

Jamais pensei nessa hipótese.

Jamais descobri Corbelha.

Ela me descobriu. E me resgatou do mar profundo.

133

Corbelha sumia repentinamente.

Saía para tomar alguns dropes ou devorar algum garoto desprotegido.

Tínhamos essa liberdade.

Contentava-me em observar as pessoas, o vazio, tropeçava como espírito no meio daquela gente.

E ela voltava com a boca exalando menta, mais doce do que nunca.

134

Garotos bêbados tomam cacos de vidro. Essa coisa de cocaína é artigo ultrapassado.

Pílulas invadem o aquário cheio de lâminas de barbear.

Menina seminua que corta a língua para o namorado beber sangue.

Tarefa que a ele se preza, como um animal doméstico.

Uivo estúpido de cães vadios: a aurora.

135

Meu corpo boia na superfície como algo estranho.

Um copo de cólera. Um objeto sem destino.

Como um homem em busca de caminho.

Como um amor que se descobre tardio.

Pela primeira vez desejei ter crisântemos na cama.

E me cortar em suas pétalas, a cada sonho.

136

Pétalas que me ferem como amor de menina.

Flutua o que resta de mim.

O poeta toma a tela e sua barriga parece um balão.

O inseparável copo de uísque.

O sorriso doce, pétalas.

O disse-não-disse, pétalas.

137

Corpo que boia na pista de dança.

Drag queens me pisam e me lambem.

O submundo é o meu berço.

138

Invasões de sem teto.

Praias sem areia.

Crianças sem barriga.

Corpo sem alma.

Sobro.

Prêmio Maraã de Poesia 2016

Idealização: Osório Barbosa
Realização: Editora Reformatório

Apoio:

Academia Paulista de Letras
Negrito Produção Editorial
Lis Gráfica e Editora Ltda.

Este livro foi impresso na
LIS GRÁFICA E EDITORA LTDA.
Rua Felício Antônio Alves, 370 – Bonsucesso
CEP 07175-450 – Guarulhos – SP
Fone: (11) 3382-0777 – Fax: (11) 3382-0778
lisgrafica@lisgrafica.com.br – www.lisgrafica.com.br